ZOOM NATURE

L'ÉLÉPHANT

HABITAT • CYCLE DE LA VIE • CHAÎNE ALIMENTAIRE • MENACES

Will Travers

GAMMA • ÉCOLE ACTIVE

ZOOM NATURE

L'éléphant • Le tigre
L'ours polaire • L'orque

Couverture : un éléphant lève sa trompe pour respirer.
Page du titre : un éléphanteau.
Page du sommaire : un imposant mâle adulte.
Page de l'index : des éléphants prennent un bain de poussière.

© Wayland Publishers Limited, 1999,
titre original : *Elephant*.
© Éditions Gamma, 60120 Bonneuil-les-Eaux, 2000,
pour l'édition française.
Traduit par Jacques Canezza.
Dépôt légal : Avril 2000. Bibliothèque nationale.
ISBN 2-7130-1884-6.

Exclusivité au Canada :
Éditions École Active
2244, rue de Rouen, Montréal, Qué. H2K 1L5.
Dépôts légaux : 2ᵉ trimestre 2000.
Bibliothèque nationale du Québec,
Bibliothèque nationale du Canada.
ISBN 2-89069-610-3.

Loi n° 49-956 du 16 juillet 1949
sur les publications destinées à la jeunesse.

Imprimé en U.E.

Crédits photographiques
Born Free Foundation quatrième de couverture ; *Bruce Coleman Collection* : 1 Michael Freeman ; 6 Werner Layer ; 7 Hans Reinhard ; 9, 11, 13, 28, 33, 37, 39, 44t, 44b M P Kahl ; 10, 31, 44m John Shaw ; 15 Christian Zuber ; 16 Eckart Pott ; 18 Gerald Cubitt ; 19 Leonard Lee Rue ; 20 Atelier G & M Kohler ; 21 Sophy and Michael Day ; 24 Eckart Pott ; 26, 36 Johnny Johnson ; 29 Andy Price ; 30 – 31 Gunter Zeiesler ; 32, 48 Christer Fredriksson ; 34, 45t Jen & Des Bartlett ; 38, 40 Gerald Cubitt ; 42 Mark Boulton ; 43 Peter Davey ; *Digital Vision* 3, 8, 12, 22, 25, 27, 35, 45m, 45b ; *Still Pictures* première de couverture, 14, 23 M & C Denis Huot ; 40 – 41 Alain Compost. Maquette réalisée par Michael Posen.

Sommaire

L'éléphant 4

Un éléphant est né 8

Grandir 12

Le troupeau 18

L'éléphant adulte 30

Les menaces 38

Le cycle de la vie 44

Pistes pédagogiques 46

Activités 46

Glossaire 47

Index 48

L'éléphant

L'éléphant est le plus grand animal terrestre.
Il est très fort, extrêmement intelligent et possède
une mémoire remarquable.

Contrairement à la plupart des animaux,
l'éléphant grandit toute sa vie. En vieillissant,
il devient de plus en plus gros et de plus en
plus impressionnant.

L'ÉLÉPHANT

Un éléphant vit entre soixante
et soixante-dix ans.

●

Les éléphants vivent en groupes
familiaux unis dirigés par une femelle
dominante.

●

La trompe d'un éléphant peut
atteindre 2 m de long.

●

La plus grande défense connue
mesurait 3,45 m et la plus grosse
paire de défenses pesait 234 kg.

La trompe
La trompe de l'éléphant est
dépourvue d'os et constituée de
100 000 muscles. Elle est très
souple et permet à l'éléphant
de pousser, tirer et ramasser des
objets, de porter la nourriture
à sa bouche, d'aspirer de l'eau
et de produire des sons.

Les oreilles
Les oreilles de l'éléphant lui
permettent de se rafraîchir
car, en les agitant, l'éléphant
refroidit les vaisseaux
sanguins qui s'y trouvent.

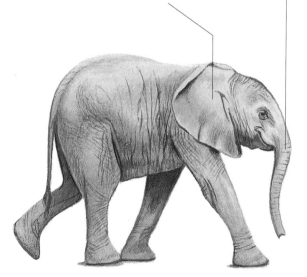

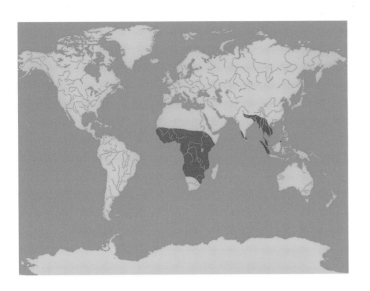

◀ Les éléphants vivent dans des habitats très différents : la savane, la forêt tropicale, les marécages et les montagnes.

Éléphant d'Afrique

Éléphant d'Asie

Les défenses

Les défenses sont des incisives très allongées. Les éléphants les utilisent pour creuser le sol à la recherche d'eau et pour arracher l'écorce des arbres.

▼ Une femelle éléphant d'Afrique et son éléphanteau.

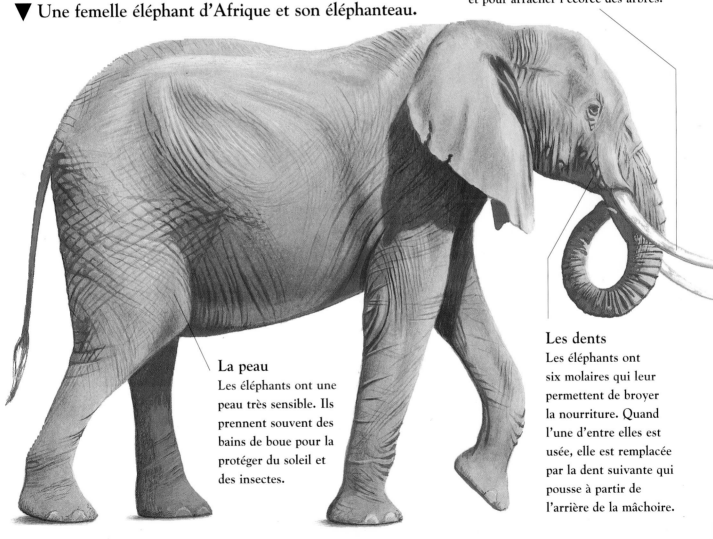

La peau

Les éléphants ont une peau très sensible. Ils prennent souvent des bains de boue pour la protéger du soleil et des insectes.

Les dents

Les éléphants ont six molaires qui leur permettent de broyer la nourriture. Quand l'une d'entre elles est usée, elle est remplacée par la dent suivante qui pousse à partir de l'arrière de la mâchoire.

L'éléphant ne ressemble à aucun autre animal vivant. Ses parents les plus proches sont l'hyrax (un gros animal qui ressemble à un cochon d'Inde) et le dugong ou vache marine (un mammifère marin qui se nourrit de plantes).

Il y a deux espèces d'éléphants : l'éléphant d'Asie *(Elephas maximus)* et l'éléphant d'Afrique *(Loxodonta africana)*. Ils se ressemblent, malgré quelques différences majeures.

L'éléphant d'Afrique pèse entre 4 et 7 tonnes alors que celui d'Asie pèse entre 3 et 5 tonnes. L'éléphant d'Afrique atteint 4 m, celui d'Asie est plus petit.

▼ Il est difficile de croire que cet hyrax des rochers est apparenté à l'éléphant.

6

▲ Le dos de l'éléphant d'Asie est plat ou arrondi alors que celui de l'éléphant d'Afrique se creuse en son milieu.

On distingue les deux espèces d'éléphants à la taille des oreilles et des défenses qui sont plus grandes chez l'éléphant d'Afrique. Sa peau est également plus rugueuse et plus ridée. Ce livre va te présenter le cycle de la vie de l'éléphant d'Afrique.

Un éléphant est né

À la nuit tombante, une femelle éléphant s'éloigne du troupeau d'un pas lourd. Depuis près de deux ans, elle porte un éléphanteau. Elle est maintenant prête à lui donner naissance. Dans la pénombre, une autre femelle la rejoint. Elle restera avec elle pendant la mise bas.

Les femelles éléphants donnent naissance à un éléphanteau tous les quatre ans environ. Une demi-heure après sa naissance, l'éléphanteau se tient debout. Puis, d'une démarche vacillante, il se réfugie sous le ventre de sa mère. L'autre femelle monte la garde à proximité. L'éléphanteau commence à téter le lait riche de sa mère.

▶ Cet éléphanteau essaie de téter les mamelles de sa mère.

▼ Une femelle éléphant se prépare à mettre bas. Une autre femelle l'aidera pendant la nuit.

LES ÉLÉPHANTEAUX

Un éléphant nouveau-né
est plus lourd qu'un homme
adulte moyen.

•

Les femelles pèsent jusqu'à
100 kg et les mâles atteignent
120 kg.

Le jour se lève, les chants
des oiseaux se perdent dans
les barrissements de la famille
éléphant saluant le nouveau-né.
L'agitation est grande pendant
que tous les éléphants viennent
sentir et toucher l'éléphanteau
avec leur trompe.

▲ Ce nouveau-né
s'abrite sous le ventre
de sa mère.

◀ Deux jours
après sa naissance,
un éléphanteau suit
le troupeau dans ses
déplacements à la
recherche de nourriture.

Rester à l'abri

L'éléphanteau a besoin d'être rassuré et protégé
par sa mère. Pendant ses deux premiers mois,
il reste très près d'elle.

Dans un troupeau, les éléphanteaux naissent
souvent au même moment de l'année. Cela
permet aux mères de partager la surveillance et
aux petits d'avoir des compagnons de jeu.

Grandir

Les premiers mois, l'éléphanteau apprend
beaucoup de choses de sa mère et des membres
de la famille. Ils lui montrent où trouver
de la nourriture, de l'eau et des mares de boue.
L'éléphanteau apprend aussi à se comporter
avec les autres éléphants, comment les saluer,
communiquer, jouer et se protéger.

▲ En grandissant,
l'éléphanteau apprend
en observant les autres
éléphants.

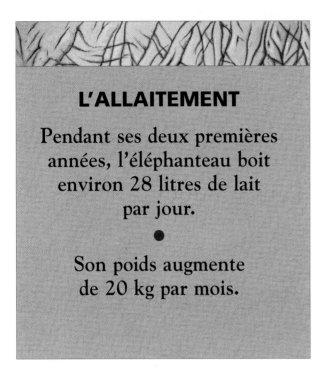

L'ALLAITEMENT

Pendant ses deux premières années, l'éléphanteau boit environ 28 litres de lait par jour.

●

Son poids augmente de 20 kg par mois.

En grandissant, l'éléphanteau commence à s'éloigner de sa mère pour explorer son milieu. Les jeunes femelles jouent alors un rôle important en veillant sur lui. Elles acquièrent ainsi une expérience précieuse pour leur futur rôle de mères. Cela augmente aussi les chances de survie de l'éléphanteau.

▶ Cet éléphanteau commence à manger de l'herbe comme les adultes, mais il continuera à téter sa mère jusqu'à l'âge de six ans.

Les jeux

À l'âge de six mois, l'éléphanteau est devenu vif et joueur. Sous la surveillance de sa mère, il découvre son environnement et peu à peu prend de l'assurance. Puisqu'il tète encore sa mère, il n'a pas besoin de chercher sa nourriture et consacre ses journées à jouer avec les autres éléphanteaux.

▲ Les jeux sont un bon moyen pour l'éléphanteau de découvrir son milieu.

Les éléphanteaux courent et jouent avec des branches qu'ils font tournoyer avec leur trompe. Ils montrent leur joie en poussant des barrissements, des grognements et en agitant leurs oreilles. Un de leurs jeux préférés est de charger les magnifiques aigrettes garde-bœufs qui suivent les éléphants et se nourrissent des insectes que ceux-ci dérangent lors de leurs déplacements.

▼ Les éléphanteaux qui sont à peu près du même âge jouent souvent ensemble.

La nourriture des éléphants

À l'âge de six ans, l'éléphanteau ne boit plus
le lait de sa mère et mange comme les adultes.
Dans la forêt, il regarde les éléphants adultes
utiliser leur grande force pour déraciner arbres
et arbustes afin d'atteindre ainsi les nouvelles
feuilles qui poussent sur les plus hautes branches.

Les éléphants passent jusqu'à dix-huit heures
par jour à se nourrir. Ils utilisent leur trompe
pour saisir la nourriture et la porter à leur bouche
où elle est broyée par leurs énormes molaires.

▼ Les éléphants
se nourrissent
essentiellement d'herbe,
mais ils mangent aussi
une grande variété
de racines, de feuilles,
d'arbrisseaux, d'écorces
et de fruits.

L'APPÉTIT DES ÉLÉPHANTS

Les éléphants ont bien sûr un gros appétit.
Un éléphant adulte consomme 230 kg
de nourriture par jour.

●

Un éléphant ne digère que 40 % environ de ce
qu'il mange. Le reste est de la matière végétale
qui retourne à la terre sous forme de fumier.

▼ Les éléphants adultes
en bonne santé n'ont pas
de prédateurs naturels,
mais les crocodiles
et les lions attaquent
les éléphanteaux.
(L'illustration n'est pas
à l'échelle.)

LA CHAÎNE ALIMENTAIRE DE L'ÉLÉPHANT

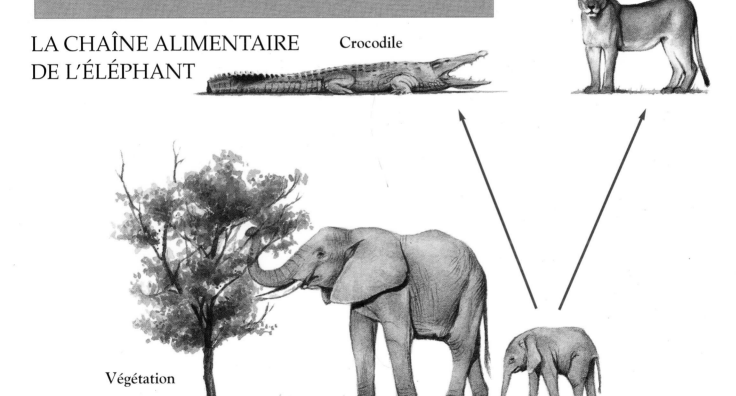

Crocodile

Lion

Végétation

Les éléphants mangent parfois de la terre pour
trouver les sels et les autres minéraux dont leur
corps a besoin. Un éléphant adulte boit plus
de 200 litres d'eau par jour, de quoi remplir plus
de 600 boîtes de boisson gazeuse !

Le troupeau

La mère et son éléphanteau vivent dans un groupe familial dirigé par une femelle dominante, âgée d'une soixantaine d'années. Ce troupeau est formé de quatre générations : la femelle dominante et ses sœurs, leurs filles, leurs petites-filles et les petits de celles-ci.

▼ Les groupes familiaux comptent généralement huit éléphants, mais ils sont parfois plus importants.

▲ Les jeunes mâles s'amusent à se battre. Ils s'entraînent ainsi pour les épreuves de force qu'ils devront affronter quand ils seront adultes.

Le père de l'éléphanteau ne partage pas la vie du troupeau. Les mâles vivent habituellement en solitaires, surtout les plus âgés, ou en troupeaux de jeunes.

En grandissant, les jeunes femelles observent les mères et participent à l'éducation des éléphanteaux. Elles font ainsi l'apprentissage de leur futur rôle de mère.

▲ Les éléphants boivent en aspirant l'eau avec leur trompe et en la projetant ensuite dans leur bouche.

◀ Cet éléphant utilise sa trompe pour s'asperger le dos de boue.

Au point d'eau

Dans le climat sec et chaud de la savane africaine, la peau des éléphants se dessèche et les démange. Les mouches les assaillent en bourdonnant. Ils ont une peau très sensible bien qu'elle dépasse à certains endroits quatre centimètres d'épaisseur.

Le troupeau se dirige, à travers la plaine, vers un point d'eau. Dans l'eau, les éléphants boivent, se baignent et s'aspergent de boue. La boue les protège des brûlures du soleil et des piqûres d'insectes. Les éléphants se recouvrent aussi de poussière. Cette couche de poussière peut être un camouflage pendant la saison sèche.

Peu d'animaux sont assez forts pour attaquer un éléphant adulte en bonne santé. Mais un grand félin, tel le lion, peut tuer un éléphanteau, surtout s'il le surprend pendant qu'il se nourrit. L'excellente ouïe des éléphants compense leur faible vision. Dès qu'ils détectent un danger, ils se rassemblent autour des jeunes pour les protéger.

Les éléphants d'Afrique ont les plus grandes oreilles du monde animal. Chaque oreille compte des millions de vaisseaux sanguins sous la peau. Quand un éléphant agite ses oreilles, le courant d'air refroidit le sang, ce qui rafraîchit l'animal.

▶ Pour effrayer un lion, un éléphant agite les oreilles et pousse de forts barrissements.

▼ Les lions attaquent parfois les éléphanteaux.

22

Les éléphants et leur environnement

Des éléphants peuvent modifier totalement l'aspect d'une forêt ou d'une prairie en une seule nuit. Pour se nourrir, ils renversent des arbres et des buissons et laissent le sol jonché de débris végétaux. Et quand ils traversent une forêt épaisse à la recherche de nourriture, ils créent de larges ouvertures au cœur de la végétation.

▼ Cet éléphant mange l'écorce d'un arbre déjà très abîmé.

Les éléphants modifient leur habitat plus qu'ils ne le détruisent. Quand des éléphants abattent des arbres et des fourrés, ils permettent à la lumière de pénétrer dans des endroits très sombres. Cela favorise la pousse de nouvelles herbes qui font éclater la surface du sol et l'aèrent. Les éléphants et d'autres animaux peuvent alors creuser le sol, à la recherche de nourriture. Des trous d'eau se forment peu à peu. Des animaux, comme les antilopes, s'installent alors dans la zone, car ils y trouvent l'eau et la nourriture nécessaires à leur survie.

▲ Les antilopes ainsi que d'autres animaux profitent des changements que les éléphants font subir à leur habitat.

Lorsque des troupeaux d'éléphants se croisent,
les animaux se saluent alors en se touchant
la trompe et en poussant des barrissements. Ils
restent un moment ensemble avant de reprendre
leurs chemins respectifs.

Sans sa trompe, un éléphant ne pourrait pas
survivre. Elle est préhensile, assez sensible pour
ramasser un petit fruit, assez forte pour soulever
un tronc d'arbre. Les éléphants utilisent aussi
leur trompe pour pousser et tirer, aspirer et sentir,
projeter de l'air et émettre des sons.

▲ Les éléphants n'ont
pas de territoire bien
défini. Ils se déplacent
sur de longues distances
à la recherche d'eau et
de nourriture.

▶ Les éléphants
peuvent étirer leur
trompe pour attraper
leur nourriture dans
les arbres.

▲ Ces éléphants sont à la recherche de nourriture pendant une période de sécheresse.

La faim et la soif

Pendant les longues périodes de sécheresse, les arbres sèchent et brunissent. Les éléphants parcourent alors de grandes distances pour se nourrir.

Beaucoup de points d'eau sont à sec. Avec leurs défenses, les éléphants creusent sous le lit asséché des rivières pour y trouver de l'eau.

LES ÉLÉPHANTS ET LA MORT

On trouve parfois dans un même endroit un grand nombre d'os d'éléphants. On pensait autrefois qu'il s'agissait de « cimetières d'éléphants ». Mais ces cimetières n'existent pas, car les éléphants meurent à l'endroit où se trouve leur troupeau.

●

Quand un éléphant trouve les os d'éléphants morts, il les ramasse avec sa trompe.

Il arrive qu'un éléphant ne soit plus capable de poursuivre un long voyage. Affaibli par le manque de nourriture et d'eau, il est si fatigué qu'il ne peut suivre le troupeau. Les autres éléphants tentent alors de l'aider. Deux éléphants forts l'encadrent pour le maintenir debout. Mais s'il est très malade et qu'il est à bout de forces, il se laisse tomber pour mourir.

Si une mère éléphant est malade, les autres femelles du troupeau adoptent l'éléphanteau et s'occupent de lui à tour de rôle.

▼ Ce point d'eau est pratiquement à sec, mais chaque goutte est précieuse quand les réserves sont épuisées.

L'éléphant adulte

Une femelle éléphant est adulte à douze ans. Elle reste dans le groupe familial de sa mère. Elle donnera naissance à son premier éléphanteau, probablement à l'âge de quatorze ou quinze ans.

▼ Deux jeunes adultes mâles s'amusent dans un point d'eau.

► Les mâles passent la plus grande partie de leur temps à mesurer leur force. Ils enchevêtrent leurs défenses et se battent à coups de trompe.

La vie d'un éléphant mâle est très différente. Il restera avec sa mère jusqu'à l'âge de douze ou quatorze ans. Puis, il se joindra à un troupeau de mâles jusqu'à ce qu'il ait l'âge de se reproduire, vers trente ans. Bien que les jeunes mâles passent de longues périodes auprès de leurs aînés et apprennent probablement beaucoup à leur contact, leurs relations familiales ne sont pas aussi fortes que chez les femelles.

LES DÉFENSES

Les défenses sont en ivoire, un mélange de dentine (dont sont faites les dents humaines) et d'autres substances. Elles poussent de 17 cm par an environ.

•

Les éléphants d'Afrique ont tous des défenses. Les éléphants mâles d'Asie ont de grandes défenses et les femelles en ont de minuscules ou n'en ont pas du tout.

En devenant adulte, l'éléphant mâle passe de plus en plus de temps seul. Il entre en compétition avec les autres éléphants pour devenir le mâle dominant du groupe, celui qui a le plus de chances de s'accoupler avec les femelles.

Les meilleurs combattants sont souvent ceux qui ont les plus grandes défenses. Il leur arrive de s'affronter pendant six heures pour une femelle et ces combats peuvent devenir violents.

◀ Cet éléphant mâle a de longues défenses.

▼ Quand un éléphant mâle est en rut, des glandes situées entre ses oreilles et ses yeux sécrètent un liquide épais.

À partir de vingt-cinq ans, les mâles traversent chaque année une période de rut durant laquelle ils se comportent de façon très agressive et même effrayante. Ils se mettent à la recherche de femelles pour s'accoupler. Ils se battent avec les mâles qu'ils rencontrent, mais évitent les autres mâles en rut. Cependant, les femelles préfèrent s'accoupler avec les mâles en rut.

Une jeune femelle peut avoir un éléphanteau à quatorze ans environ. Pour s'accoupler, elle doit d'abord attirer un mâle adulte, car le groupe familial n'en compte pas.

La jeune femelle signale qu'elle est en chaleur à l'aide d'odeurs et de sons. Quand un mâle est assez près pour l'observer, les attitudes de la femelle lui confirment qu'elle est prête à s'accoupler.

▼ Une femelle éléphant a entre quatre et six petits dans sa vie.

▲ Les éléphants mâles ne s'occupent pas des éléphanteaux

Après l'accouplement, le mâle s'en va. Pendant les vingt-deux mois de gestation, les femelles du troupeau prennent soin de la future mère. Après la naissance, il lui faudra normalement attendre un an avant de porter un nouvel éléphanteau.

Une mémoire d'éléphant

Un éléphant peut vivre de soixante à soixante-dix ans. Le chef du troupeau, la femelle dominante, a une position très particulière. Elle possède de grandes connaissances qu'elle a acquises au cours des ans et auprès de sa mère et des autres femelles du groupe.

Les éléphants ont une excellente mémoire. Grâce à cette mémoire, la femelle dominante sait où trouver de la nourriture, où chercher de l'eau en période de sécheresse, comment éviter les prédateurs, tels les lions, et comment assurer la sécurité du groupe.

▼ La femelle dominante est responsable de la sécurité du groupe familial. Elle envoie ici de la poussière en guise d'avertissement.

Vieillir

Les éléphants ont six molaires qui leur permettent
de broyer la nourriture. Quand les premières
sont usées, elles sont remplacées par les dents
suivantes qui progressent à partir de l'arrière
des mâchoires. Lorsque les dernières molaires
sont usées, l'éléphant n'est plus en mesure
de s'alimenter correctement et finit par mourir
de malnutrition.

▲ Beaucoup de vieux
éléphants meurent
de malnutrition. Mais
la plupart, comme
celui-ci, sont tués par
des chasseurs avant de
devenir vieux.

Les menaces

La plus grande menace pesant sur les éléphants est le commerce de l'ivoire. L'ivoire était autrefois une monnaie d'échange et, encore récemment, était utilisé pour faire des boules de billard, des touches de piano et des objets de décoration. Au Japon, il sert à faire des sceaux, appelés *hankos*.

▼ Les membres d'une unité anti-braconnage examinent des défenses confisquées à des braconniers.

▲ Cette femelle
a été attaquée par des
braconniers.

Il faut abattre un éléphant pour prendre ses
défenses. Le prix de l'ivoire étant très élevé, de
nombreux éléphants ont été tués illégalement par
des braconniers qui sciaient leurs défenses.

Dans les années 1970 et 1980, le commerce de l'ivoire
s'est développé et menace l'éléphant de disparition.
Entre 1970 et 1998, le nombre d'éléphants d'Afrique
est passé de deux millions à 400 000. Les éléphants
d'Asie ont subi le même sort : il y en avait environ
100 000 en 1900, mais aujourd'hui, il en reste moins
de 50 000 à l'état sauvage.

En 1989, le commerce de l'ivoire a été interdit dans le monde entier. Depuis, la population d'éléphants de certains pays a cessé de chuter et a même augmenté dans certains cas.

◀ Cette patrouille armée est sur la piste de braconniers.

LES ÉLÉPHANTS D'ASIE EN DANGER

Les éléphants d'Asie vivent dans des pays dont la population croît rapidement et menace leur habitat.

•

Les éléphants sont capturés dans la nature et dressés pour travailler dans les forêts, participer à des cérémonies et promener des touristes.

•

Comme les éléphants d'Afrique, les éléphants d'Asie sont tués pour leur ivoire.

Cependant, en 1997, une conférence mondiale
a de nouveau autorisé le commerce de l'ivoire.
Cette conférence comptait sur un contrôle strict de
ce commerce et sur la disparition du braconnage.
Mais de nombreuses organisations de protection
de la nature et de l'environnement ne sont
guère optimistes sur ces points.

▼ Ces éléphants
d'Asie ont été dressés
à déplacer de lourdes
pièces de bois dans les
forêts indonésiennes.

La diminution du territoire

L'éléphant est également menacé par l'accroissement mondial de la population humaine. L'homme a besoin de plus d'espace pour les maisons, les fermes, les routes et les usines. Il restreint le territoire des animaux sauvages. Affamés, les éléphants dévastent les cultures. Pour sauver leur récolte, les fermiers les chassent en les blessant ou les abattent.

▲ On soigne cet éléphanteau orphelin. Il sera ensuite remis en liberté.

L'avenir des éléphants dépend des hommes. De nombreuses organisations de protection de la nature tentent de sauver l'éléphant en montrant la place essentielle occupée par cet étonnant animal dans l'écosystème.

Ces organisations travaillent pour une cohabitation harmonieuse de l'homme et de l'éléphant. Tu peux te joindre à leurs efforts en adhérant à l'une de ces associations.

▼ De nombreux éléphants sont à l'abri dans des réserves et parcs nationaux, tels que le parc de Samburu au Kenya.

Le cycle de la vie

 **1** Vingt-deux mois après l'accouplement, la femelle éléphant donne généralement naissance à un seul éléphanteau. Au bout d'une demi-heure, il est capable de marcher et se met à téter.

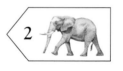 **2** Pendant les deux premiers mois, la femelle reste en permanence avec son petit.

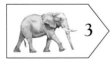 **3** Puis, l'éléphanteau commence à suivre le troupeau et à manger de l'herbe et de petites plantes. Il continue cependant à téter sa mère jusqu'à l'âge de six ans environ.

 **4** À l'âge de quatorze ans, les femelles sont généralement prêtes à s'accoupler.

 **5** On considère qu'un éléphant atteint sa maturité à l'âge de vingt-cinq ans. Les mâles vivent déjà en dehors du troupeau, mais les femelles y resteront toute leur vie.

 **6** Un éléphant peut vivre de soixante à soixante-dix ans.

BIOLOGIE
- Habitat.
- Protection de la nature.
- Cycle de la vie.
- L'oreille.
- Adaptation au milieu.

ARTS
- Découverte de l'art africain.
- Travail sur des textiles teints ou imprimés.

FRANÇAIS
- Découverte de contes africains et indiens.
- Écriture d'histoires et de poèmes sur les éléphants.
- Initiation à la recherche documentaire dans une bibliothèque.

Pistes pédagogiques

MATHS
- Mesures de longueurs et de masses.

HISTOIRE
- Hannibal et ses éléphants.

GEOGRAPHIE
- L'Inde et l'utilisation des éléphants dans le commerce du bois.
- Étude des modifications de l'environnement.

MUSIQUE
- Écouter de la musique : *Le Carnaval des Animaux.*

COUTUMES
- Les rites religieux africains et indiens.

Activités

Français
- Regarder des films ou écouter des histoires mettant en scène des éléphants, puis travailler sur les caractères prêtés à ces animaux.
- Travailler sur des livres documentaires, en utilisant un index.

Sciences
- Faire des recherches sur l'adaptation des caractéristiques physiques de l'éléphant à son milieu.
- Faire des travaux pratiques sur l'utilité des grandes oreilles.

Maths
- Utiliser la tête de l'éléphant comme modèle pour travailler sur la symétrie.

Musique
- Travailler par groupes pour créer les effets sonores d'une histoire simple sur des éléphants et présenter l'enregistrement aux autres.

Arts plastiques
- Créer des motifs de tissu sur le thème des éléphants dans des styles africains et indiens. Ajouter des activités sur la symétrie ou la répétition des motifs.

Glossaire

accouplement : action de s'unir sexuellement.

aigrettes garde-bœufs : oiseaux des pays chauds qui ressemblent à des hérons.

allaiter : nourrir un nourrisson de son lait.

barrissement : le cri de l'éléphant.

braconniers : ceux qui chassent ou pêchent sans respecter la loi ni les interdictions.

chaîne alimentaire : pour se nourrir, les êtres vivants d'un milieu (forêt, lac…) établissent entre eux des relations alimentaires. Chaque animal forme un maillon de la chaîne alimentaire.

chaleur : état des femelles qui désirent s'accoupler.

écosystème : un milieu particulier dans lequel vivent les animaux.

espèce : ensemble d'êtres vivants qui se ressemblent par leur aspect, leur habitat et qui se reproduisent entre eux.

gestation : période pendant laquelle une femelle vivipare porte son petit, depuis la conception jusqu'à l'accouchement.

glande : organe dont la fonction est de produire une sécrétion.

incisives : les dents de devant des mammifères, généralement aplaties et tranchantes. Les défenses de l'éléphant sont des incisives.

ivoire : la matière blanche et dure dont sont faites les défenses des éléphants.

mise bas : c'est l'action de donner naissance chez les animaux.

malnutrition : une alimentation insuffisante ou déséquilibrée.

matriarcat : système dans lequel une famille ou un groupe sont dirigés par la femelle.

maturité : atteindre la maturité, c'est avoir fini de grandir.

molaires : les grosses dents placées sur les côtés des mâchoires qui servent à broyer les aliments.

prédateur : un animal qui se nourrit de proies.

préhensile : qui peut saisir quelque chose. La trompe de l'éléphant d'Asie est pourvue d'un doigt mobile.

proie : un être vivant chassé par un carnassier.

rugueux : dont la surface n'est pas lisse.

rut : la période pendant laquelle les animaux veulent se reproduire.

savane : la grande prairie des régions tropicales où poussent des arbustes et des arbres isolés.

sceau : morceau d'ivoire, de cire, de plomb qui porte une empreinte (nom, armes…)

sécheresse : une longue période pendant laquelle il pleut très peu ou pas du tout.

territoire : la zone contrôlée et défendue par un animal.

Index

accouplement 33, 35, 45, 47

aigrette garde-bœufs 15, 47

allaitement 8, 10, 44, 47

antilopes 25

barrissement 9, 13, 26, 47

braconniers : 39, 40, 41, 47

chaîne alimentaire : 17, 47

chaleur 34, 47

cimetière des éléphants 28

combats 32, 33

défenses 4-7, 28, 32, 38, 39

dents 5, 16, 32, 37

digestion 17

dogong 6

éléphanteau 4, 5, 8-19, 29, 30, 34, 35, 44, 45, 47

espèce 6, 7, 47

femelle dominante 18, 36

gestation 35, 44, 47

glande 33, 47

groupe familial 4, 11, 12, 16-19, 26, 30, 31, 34, 36

habitat 5, 24, 25

hyrax des rochers 6

ivoire 32, 38, 39, 40, 41, 47

jeu 11, 12, 13, 14, 15, 19

lait 8, 13, 14, 16, 44

lions 17, 22, 36

malnutrition 29, 47

mémoire 4, 36

mise bas 8, 47

nourriture 4, 5, 8, 11-17, 23-29

oreilles 4, 7, 15, 22, 23, 33

peau 5, 7, 21, 22

point d'eau 20, 21, 25, 26, 29, 30

prédateur 17, 36, 47

protection (organisme de) 41, 43

rut 33, 47

savane 21, 47

territoire 26, 32, 47

trompe 4, 20, 21, 26, 27, 28

troupeau voir groupe familial